LA PROPRIÉTÉ, C'EST LE VOL

Alexandre PAPIAS

Editions ART ET COMÉDIE
2, rue des Tanneries
75013 PARIS

Cette pièce est dédiée à :

Karine Serralta, c'est à sa demande et pour elle qu'elle a été écrite. Merci Karine de m'avoir fait confiance et j'espère à bientôt sur les planches.

Myriam parce que sans elle il n'y aurait pas eu grand-chose de possible.

Sandra parce qu'elle y a cru et qu'elle m'a toujours porté bonheur.

Stéphanie Pareja et Audrey Creps, les deux merveilleuses comédiennes qui pour l'éternité auront été les premières à incarner mes personnages. Merci les filles et bravo, les rires du public résonnent encore à mes oreilles comme une douce musique…

Merci aussi à l'excellente Marie Robinson pour la voix (et quelle voix !) de Sophie, et merci à Philippe Lecomte qui, dans un seul et même élan, nous a sauvé la mise et la mise en scène…

Enfin un mot, une pensée, une larme, pour Christian Billard, l'ami trop tôt disparu qui était présent le soir de la première comme il avait été présent à chacun de mes pas d'auteur de théâtre. Tu me manques Christian et tu nous manques à tous.

LA PROPRIÉTÉ, C'EST LE VOL

a été représentée pour la première fois au théâtre Michel Daner à Beausoleil (Alpes-Maritimes) le 29 octobre 2004

avec

Marie-Pierre et Claudine . . . . Stéphanie Pareja

Jenny-Laure et Vanessa . . . . Audrey Creps

Voix de Sophie . . . . Marie Robinson

Mise en scène : Philippe Lecomte

NOTE DE L'AUTEUR

Ecrite à l'origine pour une seule comédienne, cette pièce peut être jouée par une seule ou – pourquoi pas ? – un seul comédien.

Elle peut bien sûr être jouée par cinq comédiennes différentes.

Elle peut aussi, comme lors de sa création, être jouée par deux comédiennes qui se sont partagé, l'une les rôles de Marie-Pierre et Claudine, l'autre de Jenny-Laure et Vanessa, une voix off faisant office de Sophie.

Mais on peut imaginer une foule d'autres combinaisons.

Les troupes qui me feront l'honneur de monter *La propriété c'est le vol* pourront, si nécessaire, modifier la succession des répliques suivant le nombre de comédiennes et la répartition des rôles. Elles pourront aussi, éventuellement, me commander des petits dialogues supplémentaires suivant la distribution dont elles disposent.

Enfin, le « bonus » après la fin de la pièce n'est, en principe, pas destiné à être joué. C'est un petit plaisir que je me suis accordé, une petite envie de faire vivre mes personnages encore une minute ou deux avant de lâcher définitivement la plume.

A. P.

PERSONNAGES

SOPHIE, vive et sympathique.

MARIE-PIERRE, allure bourgeoise.

JENNY-LAURE, genre « branchée ».

CLAUDINE, complètement dépassée par les événements.

VANESSA, minette hyper sexy.

PROLOGUE

SOPHIE *(seule, au téléphone)* - Allô ! Police judiciaire ? (…) Sophie Pagès à l'appareil. Je suis convoquée chez vous pour « une affaire me concernant ». Excusez-moi mais j'aimerais en savoir un peu plus… (…) Oui. (…) Accusée de vol par M. Brochet, imprésario en musique classique ? (…) C'est mon patron ! (…) Oui, c'est ça, Sophie Germaine Pagès. (…) Non, laissez tomber Germaine. (…) *(Petit rire, consternée.)* Non, ce n'est pas ma complice, c'est mon deuxième prénom ! (…) *(En colère.)* Non, je n'aime pas Germaine, je trouve que ça fait vieux ! (…) Ah ? *(Très gênée.)* Je suis désolée. (…) Non, mais pour une petite fille c'est pas pareil, ça passe très bien je trouve. En plus ça revient à la mode… (…) Mais si, c'est très joli Germaine. (…) Mais non, on ne va pas se moquer d'elle à l'école. (…) Ah ! votre femme n'était pas d'accord ? Oui, je comprends ça, oui. (…) *(Elle se ressaisit.)* Pas du tout ! Je veux dire que je vous comprends, pas que je suis d'accord avec elle. (…) Je suis sûre que ça lui va très bien. (…) Voilà, quand je viendrai, vous me montrerez les photos. (…) C'est ça. *(Elle raccroche.)* Germaine ! Je vous jure ! Pourquoi pas Mandarine ou Zébulon ?

Noir.

MARIE-PIERRE *(au téléphone, avec un ton à la fois autoritaire et affecté)* - Allô! (…) Oui, Marie-Pierre Dufour à l'appareil. Ecoutez, j'ai reçu une convocation… (…) Oui, police judiciaire. C'est chez vous? (…) Oui. *(Rire crispé.)* Alors écoutez, je voulais savoir de quoi il s'agissait parce que je pense que c'est une erreur. Je n'ai jamais eu affaire à la police et… (…) Accusée de vol? Moi? Mais par qui? (…) L'imprésario Brochet, mon employeur? *(En colère.)* Et vous acceptez ça, vous? (…) Comment, ce n'est pas à vous de juger? On vous paye pour quoi faire alors? (…) *(Choquée.)* Comment? (…) Faites attention, je connais très bien le commissaire Picard! (…) *(Soudain radoucie.)* Il a pris sa retraite? Ah bon? (…) Bien sûr que je vais venir, je n'ai rien à me reprocher monsieur. Je viendrai et… Allô! Allô! *(Elle raccroche violemment.)* Quel goujat!

Noir.

JENNY-LAURE *(au téléphone)* - Allô! (…) *(Voix snob mais vaguement inquiète.)* Oui, bonjour, Jenny-Laure Delmonica à l'appareil. J'ai reçu une convocation dans vos services et j'aimerais savoir de quoi il s'agit. (…) Oui, parce que figurez-vous que le même jour je suis invitée au vernissage de Martin Lumière. Vous connaissez Martin Lumière, le spécialiste de la déconstruction rebâtie? (…) *(Très soulagée.)* Ah! c'est pour un vol… Bon, ça va alors. *(Elle sniffe un peu de poudre rapidement dans sa main.)* J'avais cru que… (…) Non, rien… Mais dites-moi, c'est une expérience très originale, interrogée par la police… On dit tant de choses… Il faut que j'amène moi-même mes annuaires de téléphone? (…) Non, vous avez ce qu'il faut? Très bien. Ecoutez, je vais venir. Tant pis pour le vernissage. (…) Non, ce n'est pas grave, c'était la partie déconstruction. J'y retournerai quand il l'aura rebâtie… *(Elle raccroche.)*

Noir.

CLAUDINE *(au téléphone)* - Allô! (…) Oui, écoutez, je comprends pas ce qui se passe. J'ai rien fait et je suis convoquée à la police, alors je voudrais savoir si j'ai fait quelque chose? (…) Comment je m'appelle? Mais vous le savez puisque vous m'avez envoyé une lettre! (…) Ah! c'était pas vous? (…) Criez pas, je pouvais pas savoir… Je suis Claudine Bonnel. (…) *(Un temps.)* Accusée de vol? Encore! Et par qui? (…) M. Brochet, mon patron? Ben, ça alors! Il est gonflé! C'est le plus voleur de tous et il accuse les autres. Entre nous, si c'est lui, j'aurais bien fait de le voler. (…) *(Fataliste.)* Ça y est, c'est encore pour ma pomme.

Noir.

VANESSA *(au téléphone)* - Allô! (…) Bonjour, Vanessa Eden. Je vous appelle parce que j'ai reçu une invitation à la police judiciaire et je voulais savoir si je pouvais venir avec une copine qui n'a pas été invitée. (…) *(Un temps.)* Ah oui! C'est une convocation, pas une invitation. Excusez-moi… (…) Oh! ben je crois que je vais venir quand même. Je voudrais juste savoir… (…) Non, pas de quoi il s'agit, mais comment il faut s'habiller? (…) Normalement? Euh… d'accord, je vais essayer… Vous avez une très belle voix, vous savez? (…) Vingt-trois ans avant-hier. (…) Non, ce n'est pas trop tard pour me le souhaiter. (…) Merci, c'est gentil. Vous vous appelez? (…) Max? Alors au revoir, Max. A bientôt… *(Elle raccroche.)*

Noir.

SCÈNE 1

Les cinq filles sont au commissariat. Elles sont interrogées à tour de rôle par un inspecteur que l'on ne voit pas.

MARIE-PIERRE - Dufour Marie-Pierre née La Vallière, résidence Beverley à Dupuy. Vous voyez les nouveaux bâtiments juste au-dessus des jardins avec vue sur toute la ville ? On a un F4. (…) Non, on n'a pas d'enfant. (…) Oui, c'est pas mal, il y a une piscine. *(Condescendante.)* C'est sympa. Enfin, on est quand même en négociation pour acquérir une villa avec trois hectares sur les hauteurs pour être un peu plus tranquilles. (…) Oui, alors vous comprenez cette histoire de vol d'enveloppe ça me fait doucement rigoler. (…) D'ailleurs, je ne l'ai jamais vue cette enveloppe, ni les billets qui étaient soi-disant dedans. (…) Non, je ne l'ai pas vue ! Je ne savais même pas qu'elle existait. (…) Ecoutez, quand on a les moyens de s'acheter une villa on ne s'amuse pas à voler une poignée de billets. (…) Oui, ben trente mille euros, c'est quoi ? *(Blasée.)* Ça paierait les toilettes… Peut-être… (…) Non, je n'ai pas dit que ceux qui n'avaient pas les moyens d'acheter une villa avaient tous le droit de voler. Je vous dis juste que si j'avais envie de voler je ne volerais pas ça, je ferais plutôt genre le train postal ou la Société Générale à Nice. Vous voyez ? (…) Des bijoux ? Oui, à la rigueur, des bijoux ça me plairait. (…) *(Soudain inquiète.)* Quelle bijouterie ? (…)

Mais je n'y ai jamais mis les pieds ! (…) *(Affolée.)* Je n'ai jamais cambriolé aucune bijouterie ! Ça ne va pas, non ?! J'ai dit que « si »… (…) C'est une femme qui a volé mais ce n'est pas moi ! (…) Comment, le signalement correspond ? Vous n'êtes pas sérieux tout de même ? (…) Ecoutez, c'est vrai que j'ai vu cette enveloppe pleine de billets. Elle était sur le bureau de M. Brochet mais je n'y ai pas touché, d'accord ? Tous ceux qui entraient et sortaient pouvaient la voir. Vous êtes content ? (…) Vous laissez tomber pour la bijouterie ? (…) Merci…

Noir.

JENNY-LAURE - Jenny-Laure Delmonica, 10 passage de l'Ancienne Poterie. (…) Oui, c'est dans la vieille ville. J'ai tout retapé en gardant les pierres apparentes et la mansarde. Ça donne une authenticité à l'ensemble. (…) Non, pas mariée. J'ai un ami. (…) Un ami. (…) Un compagnon. (…) Oui, un fiancé, si vous voulez. (…) Il est dans la pub, il travaille aussi sur des concepts marketing. (…) José Dos Santos… (…) *(Scandalisée.)* Comment, le peintre en bâtiment ? Vous voulez dire le décorateur d'extérieur ! (…) Oui, c'est lui… Et il n'est pas peintre en bâtiment, il crée des enseignes publicitaires et puis quand il est lancé, il peint aussi la façade… Tant qu'à faire… Ça s'appelle du marketing global. Vous comprenez bien que si l'enseigne est géniale et la façade sale, ça ne va pas. (…) L'enveloppe ? Quelle enveloppe ? (…) Ecoutez, ce jour-là j'étais en train d'organiser la tournée de l'orchestre philharmonique de Saint-Pétersbourg avec Youri Kormikanof et Ludmilla, son assistante. Vous comprenez bien qu'avec quelqu'un comme Youri Kormikanof j'avais autre chose à penser qu'à regarder des enveloppes. (…) *(Sincère.)* Je n'ai pas fait attention. Vous savez, on ne fait pas ce métier pour de l'argent. Quand on fréquente des gens comme Youri Kormikanof et Ludmilla, son assistante, l'argent est accessoire. Vous ne trouvez pas que c'est triste de travailler uniquement pour gagner de l'argent ? (…) Moi si. Alors, vous comprenez, l'enveloppe en papier kraft orange posée en plein milieu du bureau et qui contenait deux ans de salaire en billets de cinq cents euros avec en plus deux billets qui dépassaient, je ne l'ai même pas remarquée.

Noir.

CLAUDINE - Bonnel Claudine, H.L.M. « Le vert paradis », Bâtiment B, quatrième étage. Divorcée deux fois, deux enfants. (…) Ouais, actuellement j'ai une histoire, là, avec un mec qui ne sait pas ce qu'il veut. Il vient me voir trois fois par semaine. (…) *(Etonnée.)* Ouais, que le soir. Comment vous le savez ? J'y ai déjà proposé de s'installer avec nous mais il veut pas, il préfère faire des kilomètres en voiture. Vous comprenez ça, vous ? (…) Ouais, je travaille chez M. Brochet depuis deux ans. (…) Non, ce n'est pas bien payé. Vous connaissez des boulots bien payés, vous ? Non, parce que si vous en connaissez il faut me le dire… (…) Non, il est pas sympa, il crie tout le temps… Pourtant j'ai l'habitude depuis l'école… (…) Ouais, j'ai vu l'enveloppe. Ça débordait de billets. (…) Ben oui j'y ai pensé ! Vous n'y aurez pas pensé vous ? (…) Criez pas ! Je sais que c'est vous qui posez les questions !… J'y ai pensé. On voyait que c'était des billets de cinq cents euros, y en avait deux qui dépassaient. *(Contente.)* Ça faisait mille euros. J'y ai passé l'après-midi. (…) Ben à essayer de calculer combien ça faisait en francs. Vous savez combien ça faisait ? (…) Criez pas !… Je savais pas que vous étiez si fort en calcul dans la police. Eh bien, six mille cinq cent cinquante neuf francs, c'est pas rien ! Si j'avais su que ça faisait autant… (…) Ben oui, mais quand j'ai pensé à les prendre ils dépassaient plus. L'enveloppe était vide. (…) Il devait être à peu près cinq heures. (…) Ah oui ! Ça, je me souviens très bien de qui était entré avant moi. Il y avait Marie-Pierre… *(Un temps.)*… et Jenny aussi… *(Un temps.)*… et Vanessa et Sophie. (…) *(Contente.)* Ben oui, tout le monde ! Pourquoi ? Ça vous gêne ? (…) Mais criez pas tout le temps !

Noir.

VANESSA - Vanessa Eden, 18 avenue Victor Hugo. Fiancée à Rudy. C'est drôle ce que vous lui ressemblez. C'est normal, il est dans la sécurité lui aussi. (…) Oh oui ! J'ai vu l'enveloppe. Ce n'est pas la première fois. Les musiciens souvent ça se paye en nature… euh… pardon, je veux dire en liquide. Une fois j'ai même remis une enveloppe de dix mille euros à Youri Kormikanof, à son hôtel. (…) C'est beaucoup mais il est tellement beau… Et il maîtrise tellement bien son instrument… Vous n'avez jamais joué au piano ? (…) *(Petit rire.)* Que sur l'ordinateur ? Vous êtes drôle… (…) Ah ! ben non, je ne sais pas qui a pris l'argent. Moi j'aurais pas pu : Rudy est dans la sécurité, il n'aurait jamais accepté. (…) Oui, c'est vrai que c'était tentant, surtout ces deux billets qui dépassaient. C'était comme deux bonbons. On avait envie de les mettre dans la bouche… Vous savez que vous êtes chou pour un fli… (…) Que vous êtes vraiment chou…

Noir.

SOPHIE - Sophie Pagès, 15 rue Fabienne Bérard. Divorcée, un enfant. (…) C'est pas facile, je me débrouille. (…) Non, je n'ai aucune idée de qui a pris l'argent. D'ailleurs, même si je le savais, excusez-moi mais je ne le dirais pas. Je sais que c'est un vol mais je sais aussi ce que c'est qu'un mouchard. (…) La loi ? Vous êtes mignon ! Vous y croyez encore, vous ? La loi, aujourd'hui, elle était dans l'enveloppe. (…) Ah bon ! Vous n'aimez pas les philosophes ? Vous m'étonnez. Je croyais qu'à la police on aimait réfléchir ? (…) Non ? Ah ! ben je me suis fait des idées alors. Vous savez, quand on se prénomme Sophie, on aime la philo… Parce que « philosophie »… (…) Vous n'aimez pas les calembours non plus ? Vous êtes vraiment le flic de base, vous. (…) Non, je ne répondrai pas à vos questions. Que ce soit bien clair entre nous : ce fric je n'y ai pas touché alors n'espérez pas me faire avouer quoi que ce soit. Je n'ai plus vingt ans et je ne suis pas simplette, O.K. ? Ce qui arrive à Brochet c'est bien fait pour sa gueule. Quand on paye ses employées au Smic, on ne laisse pas traîner des enveloppes pleines de billets. C'est indécent. Etaler comme ça son argent c'est un peu comme s'il nous montrait ses couilles, si je puis me permettre… Voilà, sur ce… *(Elle se lève.)*… au plaisir de ne plus vous revoir… (…) Comment, vous me gardez ? Vous ne pouvez pas, je dois aller chercher ma fille à l'école… *(On entend un bruit de clés.)* Ouvrez cette porte ! Je vous dis que je dois aller chercher ma fille à l'école ! Laissez-moi sortir !

Noir.

SCÈNE 2

MARIE-PIERRE - Comment il est Brochet ? Odieux, aucune éducation, grossier, mal élevé, mais… *(Avec un profond respect.)*… il gagne beaucoup d'argent. (…) Non, ça ne m'a pas fait plaisir. Un vol c'est un vol. *(Petit rire.)* Disons que ce n'est pas une très grosse somme, n'est-ce pas ? Trente mille euros… Pfft… Mais je comprends qu'il le vive mal. Déjà qu'on est tout le temps en train de payer ! Rien qu'avec tout ce qu'on donne aux impôts pour rémunérer des fonctionnaires à se gratter toute la journée… (…) Comment, vous êtes fonctionnaire ? (…) Ah ! mais je ne parlais pas de la police, je parlais des autres… (…) Non, pas les gendarmes. (…) Ni les pompiers. (…) Ni les infirmières. (…) *(Lasse.)* Non, les instituteurs non plus… (…) Mais les autres ! Je ne sais pas, moi, la Sécu. Travailler à la Sécu c'est quand même un peu être toute l'année en vacances, non ? (…) Votre femme travaille à la Sécu ? (…) *(Rire forcé. Noir. On entend sa voix dans le noir qui cherche à se justifier.)* Mais non je n'ai pas d'a priori…

JENNY-LAURE - Non, je ne peux pas aimer M. Brochet. Il ne sait pas reconnaître le vrai talent. Il ne se rend pas compte que tout le monde ne peut pas travailler avec des stars. (…) Un exemple : vous vous trouvez au cœur de l'Andalousie pour un concert exceptionnel en pleine campagne, cadre naturel merveilleux, dans la douceur d'une nuit d'été ibérique. A dix minutes d'entrer sur scène, Herbert Von Nürenberg, le grand chef d'orchestre, exige de boire une coupe de champagne millésimé bien glacé. Le premier hôtel quatre étoiles est à dix kilomètres. L'unique route est bloquée par les spectateurs qui arrivent en masse. L'organisateur espagnol qui a payé à prix d'or le concert n'a pas l'habitude de travailler avec des stars. Il est persuadé qu'Herbert Von Nürenberg plaisante. Il lui amène un verre de vino verde, vous savez, leur espèce de mousseux, et lui donne une grande tape sur l'épaule. (…) A qui ? A Herbert Von Nürenberg qui déteste les familiarités et qui réagit par un geste méprisant. L'espagnol, fier, le prend mal. Nous sommes à deux doigts du clash… Heureusement, je suis là. J'explique en souriant à Herbert Von Nürenberg que « hijo de puta » signifie en espagnol « longue vie au grand artiste » et qu'il faut le dire en hurlant comme l'on dit « olé » lors d'une corrida. Bien trouvé, non ? Je calme l'Andalou qui voulait tuer, littéralement tuer, Herbert Von Nürenberg en lui promettant un rendez-vous à l'hôtel après le concert – belle bête l'Andalou, un côté matador intéressant – et je réquisitionne une voiture de police pour foncer à l'hôtel et ramener le champagne glacé. Bien sûr, le concert a commencé avec une heure de retard. En Espagne ça passe… Je ne vous dis pas ce que j'ai dû fumer comme pétards ce soir-là… (…) Je veux dire ce que j'étais en pétard ce soir-là… Et tout ça pour un salaire de merde ! (…) Comment ? (…) *(Condescendante.)* Non, je vous l'ai déjà dit, je ne fais pas ce métier pour de l'argent…

Noir.

CLAUDINE - Non, je ne l'aime pas Brochet. Tous les matins je lui dis bonjour et il ne répond pas. C'est mal élevé, vous ne trouvez pas ? (…) Je continue parce que moi on m'a appris à dire bonjour. Je ne vais pas redescendre à son niveau, non ? (…) Ah non ! Ça ne m'a pas fait plaisir. (…) Parce que moi, entre les enfants et le loyer, je ne m'en sors pas. Alors si j'avais su que cet argent allait être volé, j'en aurais pris un petit peu. Rien qu'avec les deux billets, j'avais calculé, euh… *(Elle se concentre.)* Attendez, je refais l'opération… (…) Voilà, c'est ça ! Qu'est-ce que vous comptez vite, dites donc ! Eh bien, cet argent, ça m'aurait bien dépannée parce que c'est bientôt Noël… (…) Mais non je ne les ai pas pris ! J'ai dit « si » ! Vous écoutez pas ? Quand je pense que la première fois que j'ai vu une enveloppe pleine de billets j'ai cru que M. Brochet l'avait apportée pour nous les distribuer ! (…) Ben moi, une fois, j'avais gagné mille francs au loto, eh bien, j'avais distribué des billets à tous mes amis. Ça m'avait fait vachement plaisir. (…) Non, lui il l'a jamais fait. Il n'aime pas se faire du bien cet homme. Moi j'aimerais bien pouvoir recommencer. C'est pour ça que j'aime jouer. J'adore gratter les petites vignettes.

C'est tout organisé par l'Etat avec la Française des Jeux pour aider les revenus modestes à arrondir leurs fins de mois. Moi je ne sais pas comment je me débrouille mais les fins de mois c'est toujours difficile. Pourtant je joue à tous les jeux tous les jours !

Noir.

VANESSA - Non, je n'aime pas Brochet. (…) Il est moche ! (…) Ah bon ? (…) Qu'est-ce qu'il y a d'autre ? En plus il est vieux. (…) Je sais que ce n'est pas un défaut mais c'est un vieux qui est laid. *(Langoureuse.)* Pas comme vous… (…) Oh ! j'ai filé mon bas, regardez…

Noir.
Lumière sur Claudine qui gratte des tickets de Millionnaire.

SOPHIE - Non, je ne l'aime pas. Il est prétentieux et arrogant. (…) Pourquoi je travaille chez lui ? Vous rigolez ou quoi ? Et pourquoi mon frère travaille à la chaîne ? Par amour du bruit ? Je travaille chez Brochet parce que je n'ai rien trouvé d'autre. J'ai envoyé deux cents C.V., j'ai eu huit réponses, une seule positive, ici. La fille qui était là avant moi avait fait une dépression. Ça vous suffit comme explication ? (…) Non, moi je ne fais pas de dépression. C'est ma vie qui est une dépression. Une dépression économique. Y a plus de boulot nulle part. Des années que ça dure ! Dans l'absolu, je devrais même baiser tous les matins la main de Brochet pour le remercier de me donner du travail. (…) Eh bien, c'est comme ça qu'il le voit lui et tous les autres. Depuis que le travail est devenu une denrée rare, tous ceux qui ont le pouvoir de vous en donner ne se sentent plus toucher terre. Vous savez ce qu'on ressent quand on voit son travail, sa carrière, son avenir dépendre d'un imbécile ou d'une hystérique ? C'est plus fort que de la colère. Le chômage c'est aussi ça : c'est bosser dans des boulots de merde, sans aucune perspective d'avenir et en serrant les dents pour ne pas mordre ! (…) Non, je ne l'ai jamais mordu. J'aurais eu trop peur de m'empoisonner.

Noir.

JENNY-LAURE - Pourquoi je travaille ? Pour mon épanouissement personnel. (…) Ah ! bien sûr ! J'ai des doses à payer… Je veux dire des choses à payer, comme tout le monde… Mais ça, vous savez, ce n'est pas très important. Il faut aussi savoir dépasser le seul aspect consommation de notre société. Ce que je redoute surtout c'est l'appauvrissement culturel… (…) *(Très inquiète.)* Comment, il m'a licenciée ? Et pourquoi ? Il est fou ! *(Rapace et joyeuse.)* Je vais lui faire cracher un paquet d'indemnités… (…) Ah ! c'était une blague… *(Rire forcé.)* Mais vous êtes des marrants, dans la police, dites-moi !

Noir.

CLAUDINE - Pour manger, payer le loyer, acheter des cadeaux aux enfants. (…) Des cadeaux éducatifs… (…) *(Elle souffle, agacée.)* Oh ! mais vous voulez tout savoir ! Eh bien, le Noël dernier j'ai offert une carabine à plomb à Cédric et un pit-bull à Julien. (…) Quoi ? Il a besoin d'affection comme tous les enfants et puis ça remplace un peu son papa qui est parti.

Noir.

VANESSA - C'est Rudy qui a dit que ce serait mieux si je travaillais. Moi je trouvais que je vivais bien avec son salaire mais lui alors il a beaucoup insisté. Il avait peur que je m'ennuie… (…) Vous êtes d'accord avec lui ? Ça ne m'étonne pas. *(Regard langoureux.)* Vous lui ressemblez tellement… *(Soupir.)*

Noir.

SCÈNE 3

MARIE-PIERRE - Ah ! c'est intéressant ça ? (…) Si je pouvais voler une grosse somme d'argent sans que personne ne s'en aperçoive ? Ma réponse est non ! Il y a toujours un risque de se faire prendre. (…) Sans risque ? (…) Sans aucun risque ? Toujours non. C'est une question de principe. (…) Développer ? Ça ne se développe pas. Un principe c'est un principe… *(Noir un instant. Changement d'éclairage. Elle est seule debout.)* Bien sûr que je le prendrais l'argent s'il n'y pas de risque ! Mais je ne vais pas l'avouer à un inspecteur de police, non ? Maman elle n'aurait pas volé. Jamais. Mémé non plus. C'est d'ailleurs pour ça qu'elles ont fini ruinées toutes les deux et que moi je dois travailler chez Brochet. Elles n'ont pas détourné l'héritage de pépé, elles… Tonton, lui, il s'est pas gêné. Une petite magouille et il a tout mis à son nom. Mémé disait que dorénavant il vivrait dans la honte. Ça ne le dérange pas trop, tonton, la honte. Surtout qu'on ne l'a raconté à personne. Mémé disait : « On ne va tout de même pas crier partout qu'il y a un voleur dans notre famille ! » Tonton il est président du Lions Club maintenant. En cette saison, d'habitude, il est à l'île Maurice. La honte ça se supporte mieux que le froid.

Noir.

JENNY-LAURE - Ecoutez… *(Un temps.)* Bien entendu, c'est « off », n'est-ce pas ? (…) O.K., alors on peut y aller. Bien sûr que je le vole cet argent. Si personne n'est au courant et que je ne risque rien. Faut pas déconner. Attendez, Brochet il achète des opéras cent mille euros et il les revend deux cent mille. Vous allez me dire, ce n'est pas du vol, c'est de la marge commerciale. D'accord, mais quel est le critère qui fait la différence ? Je sais que vous êtes flic mais vous réfléchissez aussi parfois, non ? Cent mille euros dans la poche, net. Marge commerciale ? Le violoniste moldave qui joue pour deux cents euros, l'employée de Brochet qui en gagne mille par mois, les contribuables qui payent l'opéra beaucoup, beaucoup plus cher que ce qu'il coûte vraiment. Tous les dindons d'une farce qui rapporte à Brochet. Alors, je ne vois pas pourquoi moi je me gênerais. Vous vous gêneriez, vous ? (…) Ben oui vous êtes dans la police ! Et alors ? On a dit que c'était « off ». A moi vous pouvez bien me le dire ? (…) Ah ! on est d'accord…

Noir.

CLAUDINE - Ah ! ben non, je ne vole pas, c'est trop dangereux ! (…) Oui, oui, c'est ça, on croit toujours qu'on est plus malin que les autres et on finit toujours par se faire prendre ! (…) Mais comment, « si » ? (…) Comment, est-ce qu'on peut être sûr ? Qu'est-ce que vous en savez, vous ? Vous ne regardez jamais la télé ! Ils finissent toujours par se faire attraper, même après des années. (…) Bien sûr que j'ai besoin d'argent ! (…) Comment ça, prenez-le ? (…) Où ça ? (…) Dans votre exemple puisqu'il n'y a aucun risque ? *(Un temps.)* Mais si c'est un exemple, c'est de l'argent qui n'existe pas. *(Sûre de le moucher.)* Comment je le prendrais puisqu'il n'existe pas ?

Noir.

VANESSA - Si on est vraiment sûr de ne pas se faire attraper ? *(Un temps, sourire gourmand.)* C'est dommage. C'est quand on se fait attraper que c'est bon, vous ne trouvez pas ?

Noir.

SOPHIE - Il y a dix ans, je vous aurais répondu : « Je prends. » Après tout, le but c'est d'avoir de l'argent, on nous l'a assez répété. Donc je prends. Tous pourris et moi aussi. Aujourd'hui je dirais non. (…) Parce que j'ai un enfant. (…) Je ne veux pas de ce monde où votre enfant ne peut rien laisser dehors, ni son vélo ni son cartable, sans que ça disparaisse. Ce n'est pas ce monde-là que je voudrais lui laisser.

Noir.

SCÈNE 4

Musique violente, plus d'obscurité. L'interrogatoire se durcit un instant au début de la scène.

MARIE-PIERRE - Mais je ne sais pas qui a pris cet argent ! Je vous l'ai déjà dit ! De toute façon, je ne vois pas pourquoi vous vous fatiguez. Ces billets ne sont pas numérotés. Si quelqu'un les a volés et les a dépensés vous ne pourrez jamais rien prouver, non ? Vous n'êtes pas d'accord ? (…) Vous voulez savoir quand même. (…) *(Effrayée.)* Vous finissez toujours par obtenir des aveux… *(Un temps.)* Et comment ça ? *(Silence.)* Vous… Vous êtes violent ? *(Silence. On sent qu'elle est de plus en plus effrayée.)* Pourquoi vous ne répondez pas ?

Noir.

JENNY-LAURE - Vous avez déjà interrogé de vrais truands ? (…) Oui ? (…) Des braqueurs ? (…) Des tueurs en série ? (…) Vous y allez fort pour les faire parler, non ? (…) *(Alléchée.)* Et est-ce que vous utilisez ces méthodes sur tout le monde ?

Noir.

CLAUDINE - Je n'ai rien fait, alors arrêtez de me regarder comme si j'avais fait quelque chose ! *(Silence.)* Il est tard. J'ai les enfants et Jean-Marie qui attendent. (...) Faut que je leur fasse à manger. (...) Mais non, Jean-Marie c'est pas mon copain, c'est le pit-bull ! (...) Qu'est-ce que vous voulez que je vous dise ? C'est pas de ma faute, c'était l'année des « J » ! *(Un temps.)* J'aimerais rentrer chez moi. *(Silence assez long.)* Je dois rentrer chez moi ! (...) *(Elle se lève.)* Criez pas ! Criez pas ! Je reste. *(Elle se rassoit. Long silence.)* Si... Si je vous dis quelque chose, je pourrai rentrer à la maison ? (...) *(Un temps.)* Vous voulez que je vous dise quoi ? (...) Mais ne criez pas ! Comment que je pourrais deviner ce que vous voulez, moi ?

Noir.

VANESSA - Ça me donne chaud d'attendre comme ça. Je peux me déshabiller ? Je veux dire, je peux enlever mon pull ? (...) Et vous, vous n'avez pas chaud ? Vous ne voulez pas enlever quelque chose ?

Noir.

SCÈNE 5

MARIE-PIERRE *(regardant sa montre, l'air de réfléchir intensément)* - Ecoutez, j'ai une révélation à vous faire. Je crois que vers dix-sept heures j'ai vu un homme qui est entré dans le bureau. (...) Ah non ! Je ne le connais pas. (...) Je ne me souviens pas comment il était. J'étais absorbée par mon travail. (...) Euh... disons brun... (...) Châtain clair... (...)

Habillé ? Ah oui ! Il était habillé. (…) Ah ! comment il était habillé ? Aucune idée… Je l'ai vu mais je ne l'ai pas regardé. (…) Ah oui ! Je suis sûre ! (…) Pourquoi je ne l'ai pas dit plus tôt ? *(Très en colère.)* Ecoutez, si vous trouvez que c'est trop tard alors je ne vous le dis plus !

> *Noir.*
> *Lumière sur Marie-Pierre et Jenny-Laure. L'inspecteur s'est absenté. Elles peuvent parler toutes les deux.*

MARIE-PIERRE - Psitt ! Jenny ! J'ai vu un homme…

JENNY-LAURE - Qu'est-ce que tu veux que ça me fasse ?

MARIE-PIERRE - Mais non, c'est pas vrai, j'ai rien vu.

JENNY-LAURE - Si ce n'est pas vrai pourquoi tu me le dis ?

MARIE-PIERRE *(exaspérée)* - J'ai dit ça au flic pour qu'il me foute la paix ! Il faut que tu dises comme moi.

JENNY-LAURE - Laisse tomber ! S'il s'acharne c'est qu'on nous a dénoncées.

MARIE-PIERRE - Qu'on T'A dénoncée. Moi je n'ai rien fait.

JENNY-LAURE - Moi non plus ! On peut très bien dénoncer des innocents !

MARIE-PIERRE - Oui, tu as raison.

JENNY-LAURE - Tu crois que c'est Sophie ?

MARIE-PIERRE - Non, elle a des principes cette gourde. Ce n'est pas le genre, ni à voler, ni à dénoncer.

JENNY-LAURE - Pas le genre à voler… Forcément, elle gagne le double de ce que je gagne. Avec ça, pas besoin de voler.

MARIE-PIERRE - Le double ? Tu es sûre ?

JENNY-LAURE - Attends, c'est archi-évident.

MARIE-PIERRE - Elle gagne combien alors?

Un temps.

JENNY-LAURE - Le double…

MARIE-PIERRE - Oui, mais ça fait combien ça?

JENNY-LAURE - Tu ne veux pas non plus que je te donne le montant de mon salaire?

MARIE-PIERRE - Il doit être impressionnant ton salaire si d'en gagner le double ça permet de cracher sur trente mille euros!

JENNY-LAURE - Chut! Ça ne va pas, non? S'il faut il y a des micros partout!

MARIE-PIERRE - Mais non, il n'y a pas de micros. Ils n'ont pas les moyens… *(Un temps.)* En tout cas… *(Fort en direction des supposés micros.)*… ce n'est pas moi qui ai pris cet argent!

JENNY-LAURE *(même jeu)* - Moi non plus!

MARIE-PIERRE - Bon, alors, tu gagnes combien?

JENNY-LAURE - Pas assez.

MARIE-PIERRE - J'en étais sûre…

JENNY-LAURE - De quoi?

MARIE-PIERRE - Je suis celle qui gagne le moins dans ce bureau.

JENNY-LAURE - Arrête, tu vas me faire pleurer…

MARIE-PIERRE - Attends! Tu sais combien je gagne? Tu sais?

JENNY-LAURE - Non. Combien ?

MARIE-PIERRE - Une misère.

JENNY-LAURE - Ben voilà. Moi aussi.

MARIE-PIERRE - Non, toi ce n'est pas une misère. C'est un mystère ce que tu gagnes. De toute façon, si tu ne veux pas le dire c'est qu'il y a une raison.

JENNY-LAURE - Eh ! oh ! Lâche-moi un peu s'il te plaît ! *(Sarcastique.)* « Misère », c'est la marque de ta montre ?

MARIE-PIERRE *(cachant vivement son poignet)* - Non, c'est celle de ton string ! Salope !

> *Noir.*
> *Retour à l'interrogatoire individuel.*

JENNY-LAURE - Marie-Pierre a vu un homme entrer ? (…) Non, moi je n'ai rien vu… *(Un temps.)* Ah ! si, si, maintenant que j'y pense moi aussi j'ai vu un homme. (…) Comment il était ? Euh… elle ne vous l'a pas dit Marie-Pierre ? (…) Ah ! moi, vous savez, je n'ai aucun sens de l'observation. (…) Blond ! (…) Euh… plutôt brun. Je ne me souviens pas. (…) Moyen. Pas grand, pas petit non plus. (…) Je ne sais rien de plus. (…) *(Tragique.)* Vous aurez beau essayer de me brutaliser je crois que je ne parlerai pas !

> *Noir.*

SOPHIE - Jenny-Laure a vu un homme ? Mais elle en voit partout, elle ne rêve que de ça ! Non, moi je n'ai vu personne.

> *Noir.*

CLAUDINE *(naïve)* - Mais non personne n'est entré ! (…) Tout le monde l'a vu ? Ah ? Ben alors, oui, il y en a eu un. (…) Bien sûr que je l'ai vu ! Si tout le monde l'a vu je l'ai vu aussi.

Je ne suis pas plus bête qu'une autre. (…) Comment il était ?
Euh… il était beau ! Il était grand. Très bien habillé… (…)
Mais non je n'invente pas ! Je n'ai jamais rien inventé de toute
façon… (…) Non, même pas l'eau chaude, pourquoi ? (…) La
poudre non plus. (…) *(Noir. On entend encore la voix de Claudine.)*
Le fil à couper le beurre ? Ça existe ça ?

VANESSA - Un homme ? Ce n'est pas possible. S'il était
entré dans le bureau, il m'aurait vue…

Noir.

SCÈNE 6

Lumière sur Claudine et Vanessa.

CLAUDINE - Psitt ! Vanessa ! Tu as vu un homme, toi ?

VANESSA - Mais non !

CLAUDINE - Moi non plus. *(Un temps.)* Mais c'est mieux de
dire qu'on en a vu un.

VANESSA - Pourquoi ?

CLAUDINE - Parce que c'est peut-être lui le voleur… puisque
c'est pas nous.

VANESSA - Ah ouais ! Je n'y avais pas pensé. Et il était
comment ?

CLAUDINE - Il était beau, il était grand, très bien habillé…

Il m'a dit que j'étais belle. J'ai voulu le suivre mais il ne m'a pas laissée. C'était trop dangereux pour moi. Il ne voulait pas que je prenne de risques. Mais moi, pour lui, je crois que j'aurais fait n'importe quoi ! J'étais folle. *(Un temps.)* Tu crois qu'il reviendra ?

VANESSA - Oh oui ! Il viendra souvent.

CLAUDINE - C'est vrai ?

VANESSA - Oui, toutes les nuits, peut-être. Mais il faut d'abord que tu sois endormie profondément, sinon tu ne pourras pas le voir…

Noir.

SCÈNE 7

MARIE-PIERRE - Vous ne pouvez pas classer l'affaire discrètement comme font vos collègues pour les voitures ou pour les apparts ? Après tout, vous ne pouvez pas non plus trouver à tous les coups… (…) Ah… Ce serait la vingt et unième que vous classez sans résultat… *(Un temps.)* Je comprends, vous vous sentez obligé de réussir. D'un autre côté, vingt ou vingt et un, c'est un peu pareil, non ? Le pourcentage de réussite reste proche du zéro… *(Gaie.)* Et puis la vingt-deuxième je la sens bien, je suis sûre qu'elle va marcher. Vingt-deux c'est un bon chiffre pour la police, non ? (…) *(Soumise.)* Je la ferme ? D'accord, très bien. Il faudrait savoir ce que vous voulez.

Noir.

JENNY-LAURE - Ecoutez, je ne vois pas ce qui vous permet de croire que cet homme n'a pas existé. En tout cas, moi je l'ai vu… Et puis, entre nous, cette affaire Brochet… Est-ce que c'est si grave que ça le vol d'un type qui est plein aux as ? Est-ce que ça justifie les violences que vous vous préparez à employer pour me faire avouer un vol que je n'ai pas commis ? (…) On est toujours plus riche par rapport à quelqu'un ? Ouais, si vous voulez. (…) Oui, effectivement, avec le prix de mon sac je peux payer une année scolaire à un petit Congolais mais… (…) Avec mon bracelet je pourrais nourrir une famille d'un bidonville de Calcutta pendant un mois… C'est possible… (…) Ma bague ? (…) C'est le salaire d'un petit Bengalais, un mois de travail à douze heures par jour… (…) Pour le petit Bengalais je suis milliardaire ? *(Pas convaincue.)* Rien que pour lui alors…

Noir.

CLAUDINE - Mais qu'est-ce que je peux vous dire de plus ? Je vous ai dit que j'ai vu un homme, vous ne me croyez pas. (…) Ah ! mais j'y peux rien moi si vous croyez que ce n'est pas vrai ! (…) Oui, mais alors si ce n'est pas cet homme, c'est qui qui a pris l'argent ? (…) Comment, c'est à moi de vous le dire ? C'est vous qui êtes de la police, non ? C'est à vous de savoir ! (…) Mais pourquoi vous criez encore ?

Noir.

SOPHIE - Un jour, il y avait une émission à la télé avec un truand célèbre. Il venait d'écrire un livre et il faisait le beau. Il expliquait qu'il était né pauvre, qu'il fallait bien résoudre les injustices de la naissance et que les hommes politiques étaient des voleurs encore pires que les truands. Tout d'un coup, dans le public, un type se lève et lui demande s'il avait

une alarme à sa Mercedes. L'autre, un peu surpris, a répondu :
« Oui et alors ? » Il y a eu un silence général sur le plateau.
Tout le monde venait de réaliser que le voleur avait peur
d'être volé comme tout le monde. Le vol avait perdu son aura
romantique. Il redevenait ce qu'il avait toujours été : une version
différente de la loi du plus fort. (…) Ça ne vous intéresse pas
ce que je raconte ? (…) Vous avez mal à la tête ? (…) *(Etonnée.)*
A cause de Claudine ? (…) Disons que, d'habitude, avec des
gens normaux, elle n'a pas vraiment une conversation qui donne
mal à la tête. Mais bon, nous sommes dans un commissariat…

Noir.

JENNY-LAURE - Alors sous prétexte que je suis milliardaire
vis-à-vis du Malien de base, je dois me considérer comme une
personne heureuse ? Pour vous il suffit d'être en bonne santé,
d'avoir un boulot et une maison pour être heureux ? Tant qu'on
n'est pas handicapé, malade ou habitant du Tiers-Monde on
nage dans la béatitude, c'est ça ? Au fond, vous cherchez à me
culpabiliser. C'est très policier comme méthode. *(Impatiente.)*
Vous utilisez la violence morale avant de passer à la violence
physique, c'est ça ?

Noir.

CLAUDINE - Moi je fais tout pour mes enfants. Je travaille
pour eux, pour qu'ils vivent mieux. Vous savez que grâce à la
carabine et au pit-bull que je leur ai achetés ils défendent leurs
petits camarades d'école contre les racketteurs ? Du coup, tous
leurs copains leurs font des cadeaux pour les remercier. (…)
Ben, des cadeaux, quoi ! Des chaussures de sport, des joggings
de marque, des blousons en cuir… Ils me ramènent plein de
trucs. Bon, Cédric a aussi failli crever l'œil de la voisine. J'ai
dû payer la pharmacie, le docteur et tout. (…) Criez pas ! Je
ne pouvais pas savoir qu'il allait s'en servir contre la voisine !

Et puis elle avait qu'à pas le traiter de voleur, aussi. Maintenant elle la ferme… (…) Ben non je ne lui ai pas confisqué. Au prix que je l'ai payée ! C'est pas pour la confisquer après, non ?

Noir.

JENNY-LAURE - Et Brochet dans tout ça ? Lui il avait de l'argent à sa naissance, c'est pour ça qu'il a pu se lancer dans les affaires. La libre entreprise, faites-moi rire ! C'est la libre entreprise pour les riches. L'inégalité elle est là. Dès le début. (…) Ah oui ! Moi si j'avais de l'argent je le laisserais à mes enfants. J'ai pas envie qu'ils galèrent comme moi. (…) C'est ce qu'a fait le père de Brochet ? Peut-être, mais ce n'est pas juste. Il lui en a trop laissé. (…) Comment ? (…) Augmenter l'impôt sur les successions pour équilibrer les choses ? Ça ne va pas, non ? Vous savez déjà tout ce qu'il faut payer ? J'ai ma grand-mère qui ne va pas tarder à… Qui est vieille. Et j'ai calculé ce que l'Etat allait me pomper dessus. C'est monstrueux ! *(Un temps. Noir. On l'entend qui soupire.)* Et dire qu'elle a passé l'été…

MARIE-PIERRE - Supprimer l'héritage ? Mais vous êtes complètement fou ! On travaille tous pour ses enfants alors si on ne peut rien leur laisser… (…) Oui, je n'en ai pas encore mais j'en aurai. *(Un temps.)* Au moins un. (…) Parce que si je n'en ai pas ce sera les enfants de mon crétin de frère qui vont hériter et ça il n'en est pas question. Il me faut un enfant bien à moi pour qu'il puisse tout récupérer.

Noir.

VANESSA - Est-ce que j'ai déjà eu faim ? Bien sûr. J'ai fait un régime une fois, j'ai perdu cinq kilos ! Ça a été vachement dur tu sais… *(Langoureuse.)* Tu veux voir le résultat ? *(Elle commence à lui montrer son ventre.)*

Noir.

SCÈNE 8

MARIE-PIERRE - Si je devais soupçonner quelqu'un ? C'est difficile ce que vous me demandez là. Vous vous rendez compte ? *(En colère, elle hausse le ton.)* Accuser quelqu'un de vol, c'est extrêmement grave ! Ça peut détruire une vie entière ! *(En criant très fort.)* Ce n'est pas mon genre de faire de la délation, monsieur l'inspecteur ! *(Un temps. Puis, en chuchotant.)* Je verrais bien Sophie…

Noir.

JENNY-LAURE - J'aurais bien ma petite idée mais je ne peux pas parler comme ça, juste parce que vous me posez la question. Ce serait indécent. Par contre je ne sais pas si je résisterais longtemps à un interrogatoire au second degré…

Noir.

CLAUDINE - Euh… moi j'ai des soupçons sur Marie-Pierre… *(Un temps.)*… et sur Sophie aussi… et Vanessa… et Jenny-Laure… (…) Mais criez pas ! C'est pas de ma faute si je soupçonne tout le monde !

Noir.

VANESSA *(se rajustant)* - Mais ça t'intéresse vraiment cette histoire ? Moi je croyais que c'était un truc pour qu'on continue à se voir. (…) Arrête avec cette enveloppe chéri ! Il y aura des confidences sur l'oreiller quand il y aura un oreiller. *(Elle se masse les reins.)* Pour l'instant, c'est des boîtes de disquettes… J'ai l'impression d'avoir Windows 2000 gravé dans le dos…

Noir.

Marie-Pierre *(buvant un café)* - C'est vrai que vous avez été très en retard, par contre je constate que l'accueil s'est amélioré. Vous avez enfin compris qu'on ne peut pas traiter tout le monde de la même manière. Je parlerai de vous à M. Ricard, l'adjoint aux travaux. C'est un excellent ami à nous. Je suis sûr qu'il pourra faire quelque chose pour vous aider. (…) *(Stupéfaite.)* Ah bon ? Il est en prison pour abus de biens sociaux ? Mais depuis quand ? (…) *(Très inquiète.)* Excusez-moi, est-ce que je peux appeler mon mari ?

Noir.

Sophie *(buvant son café avec des croissants)* - Qu'est-ce qui vous arrive ? Vous avez une crise de bonté ? Hmm ! En plus ils sont bons vos croissants… Vous êtes passé commissaire, c'est ça ? Non ? Vous êtes amoureux ? Vous ne répondez pas ? *(Taquine.)* Si vous ne répondez pas c'est que c'est ça. C'est drôle, un flic amoureux. Ça pourrait être le titre d'un film. (…) Oh ! je plaisante ! De toute façon, vous ne pouvez pas vous fâcher. Quand on est amoureux et que ça marche, la vie est toujours belle. « Le bonheur, c'est les autres », comme disait machin… (…) Ah bon ? Vous êtes sûr que ce n'est pas ce qu'il a dit ? Il a rien compris alors !

Noir.

Jenny-Laure - Alors ? J'attends… (…) Ben la suite ! Le café c'est pour fortifier le cœur avant de passer aux pressions physiques, non ? (…) Je sais que c'est interdit mais… *(Clin d'œil.)*… juste un petit peu. Allez… Je voudrais rajouter ça sur mon livre. (…) Oui, j'écris un livre sur toutes les expériences que j'ai vécues. (…) Vingt-sept ans. Pourquoi ?

Noir.

CLAUDINE *(tenant à la main une boîte de chocolats)* - C'est pour les enfants ? Oh ! c'est gentil ! Vous êtes sûr que vous ne voulez pas les manger vous ? (…) Non, parce que Cédric il va me dire qu'il aurait préféré des clopes… Mais c'est gentil quand même d'y avoir pensé. Vous n'êtes pas si méchant, finalement.

Noir.

SCÈNE 9

VANESSA - Alors, chéri, tu as dégainé combien de fois aujourd'hui ? (…) Non ! *(En chuchotant.)* Tu veux bien me faire voir ton arme ? Mais non, pas celle-là !

Noir.

MARIE-PIERRE - Ah oui ! Elle est très belle Vanessa. (…) Oui, c'est vrai que les femmes entre elles ont parfois du mal à être objectives, mais personnellement j'estime que j'arrive à faire la part des choses. Elle est incontestablement très belle. D'ailleurs, si on ne tient compte que de son physique, elle aurait pu faire top model. *(Un temps.)* Le problème c'est qu'elle est tellement cruche que même comme top model ils n'en auraient pas voulu… Qu'est-ce qu'il y a ? Vous faites la gueule ?

Noir.

SOPHIE - Ce que je pense de Vanessa ? Eh bien, elle est très belle. (…) Vous êtes d'accord ? (…) Tous vos collègues en sont jaloux ? *(Sarcastique.)* Ça c'est important, vous allez être heureux alors… (…) Non, c'est une beauté. Elle n'a rien dans le ciboulot mais elle est très belle. *(Innocente.)* Qu'est-ce qu'il y a ? J'ai dit une connerie ?

Noir.

JENNY-LAURE *(hautaine)* - Vanessa ? Je n'ai rien à dire. (…) Non, rien. (…) Ni en bien, ni en mal. (…) Non, n'insistez pas, je n'ai pas de jugement à porter sur cette espèce de poupée Barbie nymphomane…

Noir.

CLAUDINE - Vanessa elle est très belle et puis qu'est-ce qu'elle est intelligente aussi ! (…) Pourquoi vous me faites la bise ? (…) Elle est super intelligente Vanessa. C'est vrai, elle arrive à coucher avec tous les beaux mecs qui passent. Elle a déjà dû s'en faire déjà au moins une centaine… Qu'est-ce qu'il y a ? Qu'est-ce que j'ai dit ?

Noir.

SCÈNE 10

Lumière sur Marie-Pierre et Jenny.

MARIE-PIERRE - Qu'est-ce qu'on fait maintenant ?

JENNY-LAURE - Quoi, maintenant ?

MARIE-PIERRE - Je crois que l'inspecteur sort avec Vanessa.

JENNY-LAURE - C'est maintenant que tu t'en aperçois ?

MARIE-PIERRE - Merde ! *(Un temps, inquiète.)* Et tu crois que Vanessa lui a dit quelque chose ?

36

Jenny-Laure - Ah ! ben oui !

Marie-Pierre - Qu'est-ce qu'elle lui a dit ?

Jenny-Laure - « Oh oui ! Oui ! Encore ! C'est bon ! »

Marie-Pierre - Attends, elle ne lui a peut-être pas dit que ça.

Jenny-Laure - Elle lui a dit aussi : « Vas-y ! Plus fort ! Oui ! »

Marie-Pierre - Jenny ?

Jenny-Laure - Oui ?

Marie-Pierre - Je te sens un peu aigrie sur ce coup-là.

Jenny-Laure - Moi ? Pas du tout !

Noir.

SCÈNE 11

Vanessa *(seule chez elle)* - Oh là là ! Je suis embêtée. L'inspecteur n'arrête pas de téléphoner. C'est toujours à moi que ça arrive… Je ne sais pas pourquoi ils tombent tous amoureux. Pourtant je ne fais rien pour les provoquer. C'est dur à gérer, vous ne vous rendez pas compte. La dernière fois, je l'ai appelé Bernard. Il s'appelle Max. Il s'est fâché tout rouge. Il m'a dit : « Il y a un autre homme dans ta vie ? » C'est quand même un bon flic, hein ? Il a deviné tout de suite. Je n'ai même pas cherché à me justifier. Je lui ai parlé sincèrement, je lui ai dit que Bernard, il ne comptait pas. Pas plus que lui en tout cas. *(Lasse.)* Il s'est encore fâché…

Noir.

SCÈNE 12

Lumière sur Vanessa et Claudine.

VANESSA - Comment tu fais, toi, quand tu en as marre d'un mec et que tu as envie de le virer ?

CLAUDINE - Pourquoi je voudrais le virer ?

VANESSA - Parce que tu t'ennuies.

CLAUDINE - Je ne m'ennuie jamais. J'ai toujours quelque chose à faire.

VANESSA - Mais quand t'as un mec qui te gonfle, tu fais quoi ?

CLAUDINE - Ah ! *(Elle comprend enfin.)* Je lâche Jean-Marie.

VANESSA - Mais c'est hyper dangereux ! Et s'il le tue ?

CLAUDINE - Fallait pas me gonfler !

VANESSA - C'est drôle comme avec toi tout paraît simple.

CLAUDINE - C'est vrai. On m'a souvent dit que j'étais simple !

VANESSA - Ouais ! Enfin, ça ne résout pas mon problème, je n'ai pas de chien.

Noir.

SCÈNE 13

MARIE-PIERRE - Ecoutez, les histoires d'amour, ça finit mal en général comme dit la chanson. Et puis c'est très embarrassant. On ne vit plus, on ne dort plus, on ne pense qu'à ça. On fait des choses complètement folles. Je me rappelle, je changeais d'itinéraire tous les matins pour le croiser. *(Encore choquée.)* Je payais un supplément d'autoroute et je faisais dix kilomètres de plus tous les jours. Vous voyez ce que ça pouvait coûter sur un mois ? L'essence et l'usure de la voiture ? Et tout ça pour finir par avoir mal. On venait de faire un super investissement immobilier avec mon mari. L'appartement prenait de la valeur tous les jours. J'aurais dû être heureuse… Et moi, au lieu de savourer la plus-value, je pensais à ce petit frimeur en décapotable qui ne m'invitait plus à déjeuner. C'est nul, non ?

Noir.

JENNY-LAURE - Si j'ai déjà été folle amoureuse ? Bien sûr… J'ai été amoureuse de la peinture de Monet et de Van Gogh aussi… (…) Amoureuse comment alors ? Qu'est-ce que vous voulez dire ? (…) Ah ! de quelqu'un d'autre ! *(Rêveuse.)* Oui, j'ai été folle amoureuse. Un peintre, forcément. Il avait fait les Beaux Arts. Un homme hyper cultivé. Il avait écrit une thèse sur « Les animaux sauvages dans le fauvisme ». Chaque fois que je lui parlais, je sentais le gouffre de mon ignorance… Je l'admirais ce garçon… *(Elle change de ton.)* Et puis une fois il est venu me chercher au travail. Il a vu Vanessa. On aurait dit qu'il avait vu la Joconde ! Le temps que je finisse un courrier, je les ai récupérés aux toilettes ! Le grand artiste cultivé était en train de copuler avec le vide… Je parle de Vanessa… Je ne lui ai plus jamais adressé la parole. (…) Non, à Vanessa non plus. Je n'ai pas l'esprit assez abstrait pour disserter sur le rien…

Noir.

CLAUDINE - Moi je suis amoureuse de mon copain. Il ne vient pas souvent mais quand il vient c'est chouette. *(Un temps.)* Il n'aime pas les enfants, il veut toujours que les enfants soient dehors quand il arrive. Il dit qu'il n'aime que moi et qu'il m'aime tellement qu'il ne lui reste plus assez d'amour pour mes enfants. C'est beau, non ? (…) Oui, je sais, s'il m'aimait vraiment il aimerait aussi mes enfants et même Jean-Marie au lieu de regarder cette pauvre bête avec des yeux dégoûtés. C'est sûr, Jean-Marie, il le ressent ça, alors après forcément… Et l'autre, il est chochotte… Il s'est fait mordre, une fois, on aurait dit qu'on lui avait coupé la jambe… Et rancunier avec ça ! Rancunier avec un chien… Je vous jure, les hommes de nos jours… *(Un temps.)* Au fond, ce n'est pas sûr qu'il m'aime. Mais au moins il vient me voir trois fois par semaine. Je me sens moins seule. Vous ne trouvez pas que c'est horrible d'être seule ?

Noir.

SOPHIE - Alors ? Toujours amoureux ? (…) C'est dur ? (…) Fallait s'y attendre un peu, non ? Ce n'est pas le genre de fille tranquille qui va rester au foyer vous faire des enfants et attendre que vous rentriez le soir… (…) C'est bête d'aimer quelqu'un alors qu'on voit très bien tous ses défauts… C'est bête mais c'est beau. Si Dieu existe, c'est comme ça qu'il doit nous aimer : comme s'il était amoureux. *(Un temps. Soupir.)* J'ai connu ça moi aussi. (…) Non, pas Dieu. Un garçon. J'étais amoureuse. C'était un vrai petit con et je le savais. Il était avec moi et avec une autre et encore une autre. Mais moi je l'aimais. Quand je le voyais, j'étais au septième ciel. Quand il me parlait, je planais. Il s'asseyait à côté de moi et j'étais heureuse. J'avais envie de lui crier que je l'aimais mais je ne voulais pas avoir l'air d'une idiote. Je me taisais. C'était bien.

Noir.

SCÈNE 14

VANESSA *(seule, chez elle, au téléphone)* - Allô ! Chéri ? (…) Oui, je suis désolée, on ne pourra pas se voir. (…) Non, Rudy est au travail mais moi je suis malade. (…) Non tu ne peux pas venir, je suis au lit avec le docteur. (…) Il m'a donné trois semaines d'arrêt maladie et ça doit être grave parce qu'il a dit qu'il doit venir me voir tous les jours. Tu te rends compte ? (…) Allô ! Allô ! Allô !

Noir.
Au commissariat.

MARIE-PIERRE - Arrêtez de gueuler ! Je vous dis que je ne sais rien ! *(En pleurnichant.)* Quand je pense que la dernière fois vous avez été tellement gentil… (…) « Gros cul de bourgeoise hypocrite qui ne pense qu'au pognon et à écraser les autres ! » C'est bien ce que vous avez dit ? (…) Vous n'avez pas le droit de dire ça ! *(Instant de silence.)* Tout le monde pense à l'argent et à être au-dessus des autres, non ?

Noir.

JENNY-LAURE - Je savais que c'était un piège. Je suis tombée dans le panneau. C'est la fameuse alternance du commissaire gentil et du commissaire méchant. C'est vieux comme le monde. Alexandre Soljenitsyne en parle dans « L'Archipel du Goulag ». (…) Vous n'avez pas lu Soljenitsyne ? Vous devriez. On alterne un flic gentil et un flic méchant. A la fin l'inculpé a tellement peur de tomber sur le méchant qu'il dit tout au gentil. Avec les restrictions budgétaires vous êtes obligé de faire les deux rôles à la fois. C'est normal. Au théâtre aussi ils font ça. Quand on n'a pas les moyens… (…) *(Choquée.)* Je ne vous permets pas de me traiter de pétasse décolorée ! En plus c'est faux ! Il ne tenait qu'à vous de vérifier ! Et puisque vous m'insultez je ne vous dirai rien. Ni à vous ni à votre collègue qui fait le gentil ! (…) *(Etonnée.)* Comment, quel collègue ?

Noir.

CLAUDINE - Vous êtes une brute ! Je le savais depuis le début. Je ne vous dirai rien. Je ne vous dirai jamais que j'ai pris les deux billets dans l'enveloppe. Jamais ! Vous m'entendez ? Jamais ! (…) *(Un temps.)* Non ! Je n'ai rien reconnu du tout !

Noir.

SOPHIE - Qu'est-ce qui vous prend ? Elle vous a largué ? (…) Ta gueule, ta gueule… C'est pas en me disant ça que vous allez la faire revenir. (…) Vous n'allez pas vous mettre à pleurer ? Oh là là ! Je fais quoi, moi, maintenant ? Une vraie fontaine… Qu'est-ce qu'il a notre inspecteur ? Un gros chagrin ? Allons, faut pas pleurer, elle reviendra… (…) Mais si, mais si, elle vous aime…

Noir.

SCÈNE 15

VANESSA *(seule chez elle)* - Et voilà ! Encore un qui a pris des cachets… Mais j'en ai marre moi de ces mecs ! Qu'est-ce qu'ils sont chiants ! Il va encore falloir que j'aille le voir à l'hôpital. Ça me gonfle… *(Joyeuse.)* Mais j'y pense ! Au lieu d'y aller moi, je pourrais lui envoyer Frédéric puisqu'il est docteur… Comme ça, au moins, il sera soigné par un ami…

Noir.
Au commissariat.

MARIE-PIERRE - Il n'est pas là ? On n'aurait pas pu me prévenir, non ? La communication ne passe pas chez vous ! C'est l'incompétence généralisée ! (…) Oui, il a le droit de tomber malade, bien sûr, tous les jours s'il veut, comme tous les fonctionnaires d'ailleurs… Du coup, j'ai encore sorti la voiture pour rien. Vous savez ce que ça consomme une Jaguar en ville ?

Noir.

JENNY-LAURE - Il a pris quoi exactement ? (…) Ah ouais ! Pas mal… Et il a mélangé avec ? (…) Waouh ! Le trip ! (…) Oui, c'est sûr qu'aujourd'hui il doit être un peu fatigué, c'est normal. Mais vous verrez, dès demain, ça ira beaucoup mieux. (…) *(Naïve.)* Non, je ne suis pas médecin, pourquoi ?

Noir.

CLAUDINE *(les larmes aux yeux)* - Le pauvre ! L'amour qu'est-ce que ça fait souffrir ! Il s'en sortira ? (…) Tant mieux, tant mieux. C'est une tragédie. Une vraie tragédie dramatique amoureuse. Et sa femme ? Je suis sûre qu'elle l'aime toujours.

C'est beau quand c'est comme ça. Elle va venir le voir tous les jours à l'hôpital jusqu'à ce qu'il aille mieux et elle va se battre pour… (…) *(Surprise.)* Ah bon? Elle a demandé le divorce?

Noir.

SOPHIE - Il a pris des cachets à cause de Vanessa? Les hommes, c'est quand même grandiose… Il côtoie toute la journée le crime, la violence, le vice, la misère, et la seule raison qu'il trouve pour être poussé au désespoir c'est qu'il n'arrive plus à attirer l'attention d'une minette!

Noir.

SCÈNE 16

Lumière sur Marie-Pierre et Jenny-Laure.

MARIE-PIERRE - Tu crois qu'il va laisser tomber?

JENNY-LAURE - Je m'en fous. J'ai rien fait.

MARIE-PIERRE - Moi non plus.

JENNY-LAURE - Alors?

MARIE-PIERRE - Et si Vanessa avait des remords? Elle va le voir à l'hôpital et…

JENNY-LAURE - Pour avoir des remords, il faut une pensée construite qui implique un certain développement du cerveau. Je crois qu'il n'y a pas de danger.

MARIE-PIERRE - C'est drôle comme il s'est entiché de Vanessa comme ça au point de…

JENNY-LAURE - Oui, c'est comique, oui…

MARIE-PIERRE - Risquer sa vie comme ça par amour… Je ne comprends pas ce qu'on y gagne en fin de compte. Tu comprends, toi, cette passion pour Vanessa ?

JENNY-LAURE *(nerveuse)* - Non, pas du tout.

MARIE-PIERRE - Et cette manie de chercher à trouver la vérité… Qu'est-ce que ça va lui rapporter ? A la fin du mois il sera payé pareil, non ? Où est l'intérêt ?

JENNY-LAURE - Douze pour cent !

MARIE-PIERRE - Quoi, douze pour cent ? Tu connais des placements à douze pour cent ?

JENNY-LAURE - Ecoute, il n'y a pas que l'intérêt dans la vie. Il y a aussi le plaisir.

MARIE-PIERRE - Ouais… A ce propos, tu vois, l'inspecteur, il m'a fait des ouvertures. Eh bien, je n'aurais pas pu. Je ne le comprends pas assez. Un type qui passe sa vie comme ça à « chercher la vérité », comme il dit, pour un tout petit salaire… C'est pas possible…

JENNY-LAURE - Il t'a fait des ouvertures à toi ?

MARIE-PIERRE - Oui.

JENNY-LAURE - Qu'est-ce qu'il t'a fait comme ouvertures ?

MARIE-PIERRE - Il m'a invitée à déjeuner.

JENNY-LAURE - Toi aussi ?

MARIE-PIERRE - Mais oui ! Pourquoi ? Toi aussi ?

JENNY-LAURE *(du ton de l'évidence)* - Ben oui !

MARIE-PIERRE - Et…

JENNY-LAURE - J'ai dit non ! Attends, c'était évident que c'était pour me faire parler !

MARIE-PIERRE. Ah ?

JENNY-LAURE - Et toi ? Il a essayé de t'embrasser pendant les interrogatoires ?

MARIE-PIERRE - Non. Je crois que je lui en imposais un petit peu, tu vois. Il sentait une personne éduquée et…

JENNY-LAURE - Ouais, sûrement, ouais. Il sentait une personne friquée…

MARIE-PIERRE - Je n'ai pas dit « friquée », j'ai dit « éduquée »…

JENNY-LAURE - Pardon, c'est vrai que t'es éduquée. Les cours de la Bourse, les plans épargne logement… C'est une culture aussi…

MARIE-PIERRE - Exactement ! Comme la culture du cannabis : c'est une culture aussi, non ? *(Un temps.)* Alors il a senti qu'il pouvait essayer de t'embrasser ?

JENNY-LAURE - Ouais. En fait, il m'a fait comprendre que, pour moi, il éprouvait un vrai désir. Mais moi il ne m'intéresse pas ce mec. Je trouve qu'il n'a aucun goût.

MARIE-PIERRE - Tu sais que Sophie est allée le voir à l'hôpital ?

Jenny-Laure - Ah bon ?

Marie-Pierre - Ouais, c'est son côté saint-bernard, tu vois. Elle n'aime pas la police mais quand un homme est en difficulté ça la touche… Peut-être qu'on aurait dû y aller nous aussi.

Jenny-Laure - Attends, on n'a rien à se reprocher, non ? On ne va pas lui faire des politesses, non plus ?

Marie-Pierre - C'est ce que j'ai pensé aussi. Je me suis dit : aller le voir à l'hôpital c'est comme si j'avais quelque chose à me faire pardonner. Et comme moi… *(Au supposé micro.)*… je n'ai rien fait, je n'y vais pas ! *(Un temps.)* C'était quoi ton histoire d'intérêt à douze pour cent ? C'est où qu'on trouve ça ?

Noir.

SCÈNE 17

Quelques jours plus tard, au commissariat.

Sophie - L'affaire est classée ? Tiens, le Brochet s'est finalement fait avoir par les morues. Ce n'est pas très moral mais c'est bien fait pour lui. C'est dommage parce que je ne verrai plus l'inspecteur. J'avais pris l'habitude de discuter avec lui, il était intéressant et puis… on s'entendait bien… Tant pis.

Noir.

CLAUDINE - L'affaire est classée ! Ah ? (…) *(Effrayée.)* Et…
Et alors ? Oh là là ! Il m'énerve celui-là à continuer à écrire
comme si j'étais pas là ! Euh… excusez-moi, monsieur, mais
pour l'affaire Brochet vous avez dit ? (…) *(En colère.)* Mais ne
criez pas comme ça ! J'ai entendu qu'elle était classée l'affaire !
J'ai bien compris que vous ne pouvez pas laisser traîner les
dossiers partout, ce serait le bordel. Alors elle est classée,
d'accord, mais nous… nous, est-ce qu'on va encore être interrogées ?(…) Bon, eh bien, puisque vous ne voulez pas me
parler gentiment, moi, je rentre chez moi ! Même si l'affaire
elle est classée, voilà !

Noir.

JENNY-LAURE - Ah ! c'est classé ? Ce n'est pas trop tôt !
Vous avez trouvé les coupables ? (…) Ça ne m'étonne pas, vu
la manière dont sont menés les interrogatoires. J'ai eu plus de
sensations en passant mon oral du bac… Et pourtant l'oral du
bac, ce n'était pas au top de mes priorités à l'époque. (…) Quelle
odeur ? (…) *(Gênée.)* C'est rien, c'est de l'eucalyptus… Parce
que je tousse… Je dois y aller, là, au revoir…

Noir.

MARIE-PIERRE - Affaire classée ? Ah ! quand même ! Vous
avez trouvé les coupables ? (…) Comment, « merde » ? Soyez
poli, s'il vous plaît ! Vous savez que je peux vous attaquer en
justice et demander des millions de dommages et intérêts pour
détention abusive ? (…) Je n'ai peut-être pas été détenue mais
avec un bon avocat ce sera tout comme !

Noir.

<h1 style="text-align:center">SCÈNE 18</h1>

Encore quelques jours plus tard. Au commissariat, dans le bureau de l'inspecteur.

VANESSA - Chéri, je sais qu'on s'est un peu disputé, mais ça arrive dans tous les couples, et puis moi j'ai une grande qualité : je ne suis pas rancunière. Je veux bien te pardonner mais il faut que tu m'aides. Rudy a disparu. Je suis très inquiète. (…) Oh ! ben si je l'aimais Rudy ! Il payait quand même le loyer ! (…) Eh bien, non, il n'est pas parti tout seul justement. Il a pris toutes mes économies. (…) Oui, j'avais des économies, en liquide. Dix mille euros. (…) Mais non ! Je ne voulais pas les mettre à la banque parce qu'on avait un compte commun avec Rudy. C'était pratique pour les fins de mois parce qu'il pouvait me dépanner avec son salaire. (…) Mais non ! Ça c'était MES économies, le fruit de MON travail… (…) J'avais tout caché dans la bibliothèque. *(Méprisante.)* Comme Rudy n'a jamais touché à un livre… *(Eclair de compréhension.)* Mais c'est ça ! C'est comme ça qu'il a compris où était l'argent ! Tous les matins, avant de sortir, je lisais… enfin, je faisais semblant de lire quelques pages d'un gros livre. Ça a dû attirer son attention… Quel salaud ! Au lieu de se réjouir de voir sa fiancée se cultiver…

Noir.

MARIE-PIERRE *(les larmes aux yeux)* - Je suis contente de voir que vous vous êtes bien remis. (…) Ça vous émeut que je revienne vous voir ? Mais c'est normal, vous savez, on a quand même été très proches pendant cette enquête… Alors, vous allez mieux ? (…) C'est bien. *(Un temps puis encore avec les larmes aux yeux et des sanglots dans la voix.)* C'est l'avantage avec les chagrins d'amour : ça passe ! Tandis qu'il y a des choses qu'on ne récupère jamais… (…) Oh non ! Ma famille va bien. C'est juste que je me suis fait cambrioler… (…) Non, pas tout. Ils n'ont pris que le liquide. Mon liquide à moi. Personnel. J'avais tout caché dans la machine à laver parce que mon mari ne s'en approche jamais. On dirait qu'il a peur qu'elle le morde ! Eh bien, le voleur, chez lui, il doit faire la lessive parce qu'il a fouillé la machine à laver et il a tout pris ! Et mon mari : « On a de la chance, pour la vitre on est assuré et ils n'ont rien emporté ! » Tu parles, ils n'ont rien emporté ! Ils n'allaient pas s'emmerder avec la télé ou l'ordinateur, ils avaient du liquide. Dix mille euros ! Vous vous rendez compte ? Et l'autre abruti : « Ne pleure pas ! On a de la chance ! » J'aurais aimé le voir, tiens ! (…) *(Surprise.)* D'où sortait cet argent ? Mais toute une vie d'épargne et de travail, monsieur l'inspecteur. Toute une vie ! (…) *(Gênée.)* Je ne voulais le mettre à la banque qu'à la fin de l'année… Pour tout regrouper… Vous croyez que ça vaut le coup de porter plainte pour du liquide ?

Noir.

JENNY-LAURE - Ecoutez, je suis venue vous voir parce que vos collègues des stups n'ont pas été sympas du tout. (…) Je me suis quand même fait agresser ! (…) Comment, un deal qui a mal tourné ? C'est eux qui vous ont dit ça ? Sympas les flics ! C'est comme ça qu'on traite les victimes, de nos jours ? (…) Non, ce n'était pas un deal ! La vérité c'est que je me suis fait agresser et voler une grosse somme d'argent. (…) Eh bien, je marchais dans la rue et deux types se sont jetés sur moi, m'ont tabassée et m'ont pris tout ce que j'avais. (…) Je me promenais. J'ai encore le droit de me promener, non ? (…) Ben oui, avec de l'argent ! Vous sortez sans argent, vous ? Et si jamais vous voyez quelque chose que vous avez envie d'acheter, vous faites comment ? (…) Combien ? Euh… beaucoup. Je ne sors pas avec cent balles en poche, moi. C'est pas mon style. (…) Ouais, quelque chose comme ça. (…) *(Gênée.)* Mille… deux mille… euh… dix mille… (…) Non, ce n'est pas tant que ça ! (…) Et alors, il était une heure du matin ? Je n'ai pas le droit de faire des achats à cette heure-là peut-être ? (…) Ah non ! Les cartes bleues j'ai pas confiance ! (…) Les chèques ? Mais vous vivez où vous ? Plus personne ne prend les chèques. Attendez, j'imagine la scène : « Eh ! Dédé, file-moi une barrette, je te fais un chèque. » Mais il meurt de rire Dédé, sur place, ça sera même pas la peine d'appeler le SAMU. (…) *(Très gênée.)* Qui c'est Dédé ? C'est… C'est mon boucher. C'est pour ça que je disais : « File-moi une bavette, je te fais un chèque. » Vous… Vous comprenez ?

Noir.

CLAUDINE - J'ai gagné ! J'ai gagné ! J'ai joué les mille euros que j'avais empruntés à Brochet et j'en ai gagné dix mille. Tenez, je vous donne les mille pour les rendre à Brochet. Vous-y direz pas que c'était moi. Dix mille moins mille, ça fait… (…) *(Etonnée.)* Neuf mille, c'est ça ! Qu'est-ce que vous êtes bien formés dans la police quand même ! On ne dirait pas à vous voir… (…) Mais si, prenez-les et rendez-les à Brochet, c'est sa propriété. (…) Comment ? (…) La propriété c'est le vol ? (…) C'est joli ça… C'est la devise des agences immobilières, non ? (…) Ben, ça pourrait parce que ceux-là comme voleurs… (…) La loi du marché, la loi du marché… Pourquoi qu'elle s'applique aux loyers et pas aux salaires la loi du marché ? (…) Les neuf mille euros qui restent ? C'est l'avenir de mes enfants. (…) Non, c'est pas pour leurs études. C'est pour un avocat, parce que avec les deux balles que Cédric a tirées sur le proviseur… (…) Mais non, il n'a rien le proviseur, il a toujours son gilet pare-balles quand il vient au collège ! Lui il a rien mais Cédric est en prison. *(Tragique.)* Je n'arrive pas à comprendre la justice dans ce pays, moi !

Noir.

SOPHIE *(seule chez elle, s'adressant au public)* - J'étais venue lui demander de me faire sauter un P.V. Ma voiture était tombée en panne. Je l'avais laissée sur un stationnement interdit mais j'avais mis, bien en évidence, un papier avec écrit « en panne ». *(En colère.)* Elle ne gênait personne là où elle était ! La fourrière me l'a embarquée quand même ! La ville entière vit en double file et c'est ma bagnole en panne qu'on embarque ! *(Un temps.)* Il m'a dit qu'il ne pouvait rien faire. Le dossier était déjà passé en informatique. Et puis il est resté là à me regarder avec des yeux de merlan frit. Il avait deux billets de cinq cents euros à la main et il les tripotait comme s'il ne savait pas quoi en faire. Ça m'agaçait, vous ne pouvez pas savoir ! Et voilà pas qu'il me les donne avec un air timide en me disant : « Tenez, la propriété c'est le vol. » J'avais jamais entendu ça, moi. Spontanément ça m'a fait penser à mon syndic d'immeuble. En fait, c'est de Proudhon. Je ne savais pas qu'on lisait Proudhon dans la police… Bon, je ne prends pas les billets. Et là, il me regarde en souriant et il me dit : « Vous me prenez pour un fou ? C'est ça ? » Pas du tout ! C'est juste que… En fait, je voulais lui dire : « J'ai pas besoin d'argent. » Mais ça n'arrivait pas à sortir parce que… j'avais vachement besoin d'argent. Alors il s'est levé, il m'a pris par le bras comme ça et il m'a dit : « Venez, je vous invite à déjeuner. » Et on est partis, tous les deux avec nos deux gros billets… Et c'est comme ça que tout a commencé…

Noir.

FIN DE LA PIÈCE

« BONUS ! »

Dans le bureau de Brochet.

MARIE-PIERRE - Je sais que j'ai démissionné ! Mais vous vous êtes quand même permis de m'accuser de vol. Je ne sais pas si vous vous rendez compte de ce que ça signifie. J'ai subi des interrogatoires policiers. J'ai été passée à tabac, brutalisée ! Et encore, je ne peux pas tout dire… Tout ça pour être finalement totalement innocentée. Je pense qu'il est normal que je sois indemnisée. (…) Je veux bien effacer le préjudice d'une dénonciation calomnieuse à condition d'avoir une petite augmentation. Ce ne serait que justice. (…) Très bien, je m'en vais. Je n'aurai aucun mal à trouver du travail ailleurs. Je vous ai offert une deuxième chance. J'ai eu tort. Au revoir monsieur Brochet.

Noir.

JENNY-LAURE - Non, ça n'a pas été trop dur. Très surfait cette histoire d'interrogatoire de police. Il n'y a plus de vrais hommes, c'est désolant… (…) Comment ? Ils ont tabassé Marie-Pierre ? C'est dégueulasse !

Noir.

CLAUDINE - Je sais que vous n'êtes pas le Père Noël ! Vous n'êtes pas du tout habillé comme lui. De toute façon ce n'est pas un cadeau que je vous demande, c'est une augmentation.

Tout a augmenté. Tout augmente tout le temps sauf mon salaire. Vous trouvez ça normal ?

Noir.

VANESSA - Allez, Fred, fais un petit effort. Un mois de loyer ce n'est pas grand-chose. Je t'ai quand même offert un paquet de consultations gratuites… (…) Merci, tu es chou… (…) Mais oui, c'est la dernière fois. (…) Non, ça fait pas trois mois que ça dure ! Vilain menteur…

Noir.

MARIE-PIERRE - C'est votre dernier mot ? Vous savez que je n'ai pas vraiment besoin de travailler. Si je franchis le seuil de cette porte vous ne me reverrez jamais.

Noir.

JENNY-LAURE - Je sais que vous vous êtes fait voler mais de nos jours ça ne veut plus rien dire. Moi aussi je me suis fait voler. Je n'en ai pas fait toute une histoire. Par contre la dernière augmentation date de quatre ans. Vous pensez faire quelque chose ?

Noir.

TOUTES LES FILLES - Oh zut ! Un contrôle fiscal ! Ce n'est pas bien grave monsieur Brochet. On va témoigner pour vous !

FIN

AVIS IMPORTANT

Cette pièce de théâtre fait partie du répertoire de la Société des Auteurs et Compositeurs Dramatiques, 11 bis rue Ballu 75442 PARIS Cedex 09. Tél. : 01 40 23 44 44. Elle ne peut donc être jouée sans l'autorisation de cette société.

Nous conseillons d'en faire la demande avant de commencer les répétitions.

Imprimé à la demande par Books On Demand GmbH, Bad Hersfeld, Allemagne

Première édition, dépôt légal : mars 2006
N° d'édition : 200612
ISBN : 2-84422-501-2